CONDUZIONE DI RICERCHE DI MERCATO

La chiave di un buon business sta nella pianificazione

50MINUTES.com

CONDUZIONE DI RICERCHE DI MERCATO

La chiave di un buon business sta nella pianificazione

scritto da Julien Duvivier
tradotto par Sara Rossi

50MINUTES.com

CONDUZIONE DI RICERCHE DI MERCATO 4

CONSIDERAZIONI PRELIMINARI 7

Un mercato: ma cos'altro? 7
Perché una ricerca di mercato? 7
Quando iniziare una ricerca di mercato? 9

LE BASI DELLA RICERCA DI MERCATO: SEMPLICITÀ E REALISMO 10

Rassegna della letteratura – parte 1 10
Revisione della letteratura – parte 2 18
Lo studio sul campo 20
Le conclusioni del vostro studio 24

I MIGLIORI CONSIGLI 29

FAQ 31

Le ricerche di mercato sono davvero necessarie? 31
Come si formatta la ricerca di mercato? 32
Qual è la differenza tra uno studio di mercato o un business plan? 32
Come posso realizzare un sondaggio se vendo i miei prodotti/servizi solo su Internet? 32
Quanto costa uno studio di mercato realizzato da un fornitore esterno di servizi? 33
Come faccio a sapere se il mio studio è affidabile? 34
Quale metodo devo adottare se il mio progetto è totalmente innovativo? 34

STA A VOI DECIDERE! 35

Fate un'analisi SWOT della vostra offerta 35
Creare il proprio questionario 35

PER ANDARE OLTRE 37

Fonti bibliografiche 37
Fonti aggiuntive 37

CONDUZIONE DI RICERCHE DI MERCATO

- **Problemi?** Come posso realizzare uno studio di mercato che mi permetta di avere un'idea chiara prima di lanciare il mio prodotto/servizio?

- **Perché è utile?** Una ricerca di mercato ben condotta fornisce una base e un metodo a chiunque voglia avviare un'attività.

- **Contesto professionale?** Marketing, coaching, sviluppo di reti, creazione di imprese, gestione di progetti.

- **FAQ?**

  - Le ricerche di mercato sono davvero necessarie?

  - Come si formatta la ricerca di mercato?

  - Qual è la differenza tra uno studio di mercato e un business plan?

  - Come posso realizzare un sondaggio se vendo i miei prodotti/servizi solo su Internet?

  - Quanto costa una ricerca di mercato?

  - Come faccio a sapere se il mio studio è affidabile?

  - Quale metodo devo adottare se il mio progetto è totalmente innovativo?

La ricerca di mercato è un concetto che può sembrare spaventoso. Molte persone, nel loro progetto di avviare un'attività, si scoraggiano prima ancora di aver visto di cosa si tratta.

Si tratta tuttavia di una fase cruciale che, lungi dal confermare la fattibilità del vostro progetto, dovrebbe permettervi di confrontare le vostre proiezioni e intuizioni con la realtà del mondo esterno. Questo mondo esterno è proprio quello che chiamiamo il vostro mercato. Come ogni territorio, ha il suo modo di funzionare e le sue regole. Incontrerete i vostri concorrenti e la vostra clientela, vi interesserete alle normative vigenti e, confrontando tutti questi parametri, potrete determinare il vostro posizionamento, il vostro fatturato previsto, la vostra politica commerciale, ecc.

Tutto questo gergo può sembrare spaventoso, ma in realtà ha un solo scopo: permettervi di lanciare la vostra attività con piena consapevolezza di ciò che vi aspetta. Le ricerche di mercato vi faranno risparmiare tempo prezioso se scoprirete che la vostra idea non soddisfa le esigenze del settore. Inoltre, vi aiuterà a rendere il vostro progetto redditizio a lungo termine, anticipando i cambiamenti del mercato.

Che siate esperti del settore di riferimento o principianti, questa fase è fondamentale, anche solo per definire il fatturato previsto, affinare le tecniche di vendita o redigere un business plan che convinca i vostri partner finanziari. Infatti, sebbene non sia una previsione definitiva e affidabile al 100% del futuro della vostra azienda, la ricerca di mercato è comunque la chiave di volta.

Questo libro si propone di mettervi sulla strada giusta e di far sì che la vostra ricerca di mercato, lungi dall'essere un lavoro di routine, sia adattata alle vostre esigenze e diventi un vero e proprio trampolino di lancio per il vostro progetto.

CONSIDERAZIONI PRELIMINARI

UN MERCATO: MA COS'ALTRO?

Un mercato è un luogo (fisico o virtuale) in cui individui chiamati clienti o richiedenti incontrano altri individui, chiamati fornitori, che possono soddisfare le esigenze dei primi e spesso anche crearle. Questa descrizione si applica anche al mercato ortofrutticolo in fondo alla strada e al mercato del lavoro (dove i fornitori sono aziende e i cercatori sono persone in cerca di lavoro).

 **BUONO A SAPERSI**

Secondo un'indagine condotta dall'APCE (Agenzia Francese per la Creazione d'Impresa) nel 2005, oltre il 70% dei fallimenti di nuove imprese è dovuto a problemi commerciali, ovvero a una stima errata del fatturato e della strategia commerciale da attuare, entrambe conseguenza diretta dello studio di mercato.

PERCHÉ UNA RICERCA DI MERCATO?

- Il primo obiettivo del vostro studio è la redditività. È necessario vendere un numero sufficiente di prodotti o servizi in modo che le entrate superino le spese. Per farlo, è necessario conoscere le principali tendenze del proprio mercato, i propri punti di forza e di debolezza, ecc. È necessario disporre di una strategia aziendale basata su prove tangibili. In particolare, dovete sapere chi sono i vostri clienti e i potenziali concorrenti e a quale prezzo potete vendere i vostri prodotti.

- Il secondo obiettivo è la crescita e la sostenibilità. La vostra offerta ha una durata limitata e subirà:

    - una fase di lancio e sviluppo (che comporterà investimenti e quindi un fabbisogno di capitale circolante da prevedere);

    - una fase di maturità (durante la quale dovrete adeguare i vostri prezzi e riadattare i vostri prodotti o servizi per mantenere i vostri clienti);

    - una fase di declino (che non significa che il vostro progetto cadrà nel dimenticatoio, ma che dovrà trovare la sua velocità di crociera e/o rinnovarsi per durare nel tempo).

Senza pretendere di prevedere con precisione quando e come si svolgeranno tutte queste fasi, l'obiettivo dello studio di mercato è quello di stabilire in anticipo le tappe fondamentali e di prendere tutte le precauzioni necessarie per garantire che nessuna cattiva sorpresa renda il vostro progetto obsoleto.

 **BUONO A SAPERSI**

Il fabbisogno di capitale circolante (WCR) è la quantità di denaro di cui si deve disporre (flusso di cassa) per coprire gli investimenti. Si tratta di una preoccupazione centrale nella vita di un'impresa, e ancor più nella fase di avvio, quando si sostengono le spese più importanti (locali, fornitori, marketing e comunicazione) mentre le vendite di prodotti o servizi non sono ancora state ricevute.

QUANDO INIZIARE UNA RICERCA DI MERCATO?

Non ci sono regole vere e proprie. Idealmente, la ricerca e i passi da compiere vengono effettuati alcuni mesi prima del lancio e prima che venga stabilita la strategia, che generalmente si baserà sui risultati dello studio. Ma dipende anche dalla complessità del progetto, dalla vostra disponibilità, dalle opportunità, ecc. Questi fattori possono indurvi a condurre ulteriori ricerche o a saltare alcuni confronti che ritenete superflui.

LE BASI DELLA RICERCA DI MERCATO: SEMPLICITÀ E REALISMO

Il piano d'azione che vi proponiamo vi permetterà di condurre il vostro studio con la semplicità e il realismo che dovrebbero caratterizzare questo tipo di esercizio.

Le ricerche di mercato si basano generalmente su due pilastri:

1. lo studio desk, a livello "macro", consiste nel raccogliere le informazioni precedentemente disponibili sul mercato target. È suddiviso in due sottosezioni:

   a. definizione dell'obiettivo,

   b. identificazione dei concorrenti e della normativa vigente ;

2. lo studio sul campo, a livello "micro", consiste nel raccogliere dati "alla fonte" per confrontare i risultati dello studio documentale con la realtà del mercato.

RASSEGNA DELLA LETTERATURA – PARTE 1

Lo studio desk vi aiuterà innanzitutto a definire il vostro gruppo target. A tal fine, sono necessarie diverse fasi.

Segmenti e profili dei clienti

È necessario innanzitutto identificare i segmenti e i profili dei clienti.

- Segmentare la base clienti significa definire un profilo tipico per ogni offerta che si vuole proporre, ad esempio in base all'età, al sesso, all'ubicazione, al potere d'acquisto, al livello di istruzione, ecc. Lo stesso vale per le aziende, se questo è il tipo di cliente a cui ci si vuole rivolgere. Il numero di dipendenti, il settore di attività o il territorio sono criteri determinanti per stabilire a chi è destinata principalmente la vostra offerta. Potete adattare la vostra offerta in base alle informazioni ottenute sul/i segmento/i individuato/i. La segmentazione è il punto di partenza della vostra riflessione: si evolverà e molto probabilmente verrà riadattata man mano che l'indagine procede, o addirittura modificata al momento dello studio sul campo.

- Definire i profili dei clienti equivale a identificare, in alcuni mercati, il prescrittore e l'acquirente, quando si tratta di due persone distinte. Il mercato dei giocattoli è un esempio perfetto: il bambino è l'utente-prescrittore, colui che avvia l'atto di acquisto, e il genitore è l'acquirente, colui che ha il potere di acquisto. Dobbiamo sapere come rivolgerci al bambino tenendo conto del fatto che il decisore finale è il genitore.

È soprattutto in questa fase che dovete lasciar trasparire il vostro buon senso, la vostra intuizione e la vostra esperienza: spesso conoscete molto bene i vostri segmenti senza esserne consapevoli. Il processo di segmentazione mira a mettere a frutto queste conoscenze con una riflessione più approfondita.

ESEMPIO

Mario vuole aprire una gastronomia che offra esclusivamente prodotti italiani provenienti da agricoltura biologica nel 20° arrondissement di Parigi. Giovane trentenne, attualmente vive lì come manager in una start-up. Conosce bene questo distretto in rapida evoluzione e sa di essere il pubblico di riferimento. Il primo segmento a cui si rivolge è quindi lui stesso: una popolazione piuttosto giovane, con un reddito confortevole, che vive nelle vicinanze, sensibile alla qualità di ciò che consuma. Ha individuato come altro bersaglio il suo capo (cinquantenne, reddito molto alto, residente in un quartiere vicino, amante dei vini pregiati) e la sua fidanzata (30 anni, giornalista per un sito di moda, vegetariana, innamorata dell'Italia dal suo primo viaggio in Toscana tre anni fa).

Questo esempio, un po' banale, vuole mostrarvi che i vostri segmenti sono spesso incarnati da persone vicine a voi e che queste persone possono addirittura essere all'origine del vostro progetto. Nel nostro caso, possiamo immaginare che Mario abbia l'intuizione che, soddisfacendo un'aspettativa che sente in sé e nel suo capo, soddisferà l'aspettativa di un importante segmento della popolazione del quartiere. In questa fase è fondamentale sentirsi liberi di esplorare tutte le possibilità e di parlarne con persone di fiducia, che possano mettervi alla prova e aiutarvi a maturare il vostro pensiero. Solo in seguito, durante lo studio sul campo, verificherete la veridicità delle vostre proiezioni.

Motivazioni, disincentivi e modelli di acquisto

Una volta definiti i segmenti e i profili, è necessario studiare le motivazioni, gli ostacoli e le modalità di acquisto dei clienti.

- Le ragioni dell'acquisto possono essere molteplici:

  - il cliente edonista cerca di godere del vostro prodotto/servizio. L'atto di acquisto è puramente legato alla simpatia del cliente per la vostra offerta e non risponde a un bisogno razionale. L'acquisto di un nuovo prodotto, ad esempio, può lusingare l'ego dell'acquirente dandogli l'impressione di essere all'avanguardia nell'innovazione ;

  - il cliente razionale è in una logica di vantaggi e svantaggi. La vostra offerta deve dimostrarsi valida, il target deve sentirsi sicuro, essere convinto che state soddisfacendo un bisogno e che, senza questo atto di acquisto, si sta perdendo un buon affare ;

  - per il cliente mosso da motivazioni etiche o comunitarie, è il sentimento di dovere e/o di appartenenza a una comunità a innescare l'atto di acquisto. Siamo al confine tra l'edonismo e la razionalità. Questa motivazione può riguardare sia i clienti dei prodotti del commercio equo e solidale (che condividono questi valori di solidarietà) sia gli appassionati di Porsche (più che un'auto sportiva, questo marchio offre uno stile e un'etica di vita in cui alcune persone possono identificarsi).

- I freni sono tutti gli ostacoli all'atto di acquisto:

  - se ci si basa su motivazioni edoniche, il rischio principale è che il cliente non sia interessato a nulla che abbia a che fare con il possesso, a piaceri che considera "futili". Proprio come la motivazione, il freno all'acquisto è difficile da prevedere. Tutto dipenderà dalla vostra capacità di rendere l'offerta attraente (marketing, comunicazione, forza vendita) e dalla precisione della vostra segmentazione.

  - Per le motivazioni razionali, il freno è semplicemente che la vostra offerta è percepita come poco vantaggiosa secondo il cursore stabilito dal vostro segmento di clientela. In questo caso, occorre dare particolare importanza al prezzo psicologico e alla presentazione chiara e semplice dei vantaggi della vostra offerta.

  - Per quanto riguarda le motivazioni etiche e comunitarie, l'ostacolo può essere rappresentato da un cattivo posizionamento o semplicemente dal fatto che il cliente disapprova la vostra offerta, che non è in linea con i suoi valori.

- Modelli di acquisto: dove e come acquistano i clienti?

- Una volta alla settimana, una volta al mese, una volta all'anno?

- Su Internet? In negozio?

- Per le aziende: di comune accordo? Tramite gara d'appalto?

- ...

È necessario tenere questi parametri sotto controllo il più possibile, studiando statistiche come i modelli di consumo, il censimento della popolazione e i dati locali disponibili. È indispensabile consultare il sito dell'Istituto nazionale di statistica e studi economici (INSEE) se ci si trova in Francia o dello Statbel se ci si trova in Belgio.

Dimensione target

Il terzo passo per definire l'obiettivo è determinarne le dimensioni. Quanti potenziali clienti avete? Il motivo principale per cui questa fase è importante è che determina direttamente il fatturato previsto.

In questa fase è importante aver qualificato correttamente la propria segmentazione per sapere esattamente a quale tipo di clientela ci si rivolge e in quale territorio si pensa di potersi distribuire.

 **ESEMPIO**

Mario, dopo aver controllato il sito web dell'INSEE, sa che nel 20° arrondissement di Parigi ci sono circa

196.000 abitanti. Dopo aver effettuato dei controlli incrociati, è riuscito a determinare - grazie soprattutto alla conoscenza delle abitudini dei residenti del quartiere e dei quartieri limitrofi - il suo bacino d'utenza (la zona geografica da cui proviene la maggior parte dei clienti di un'attività commerciale): si è reso conto che in realtà riguarda solo una parte limitata di questo quartiere, ma si estende a una porzione del 10° e 11° arrondissement. Il risultato è una popolazione totale di circa 95.000 abitanti. Contattando i municipi interessati, ha ottenuto informazioni più precise sulla popolazione di quest'area e, concentrandosi principalmente sui criteri di segmentazione che aveva stabilito, sapeva di poter raggiungere circa 20.000 clienti.

Questa stima iniziale non è rappresentativa del numero di clienti che raggiungerete. Dovrete affinare ulteriormente il vostro studio:

- tenendo conto delle quote di mercato della concorrenza;

- verificando le vostre stime attraverso uno studio sul campo (indagine, sondaggi, ecc.);

- tenendo conto delle vostre capacità: in termini di tempo, risorse produttive, numero di collaboratori disponibili, ecc.

 ## BUONO A SAPERSI

Il bacino di utenza viene determinato in modo diverso a seconda del tipo di azienda. Ad esempio, il bacino di utenza di un negozio di alimentari è definito come un raggio di 300 metri intorno alla sua posizione. Per bacino di utenza primario si intende una distanza di circa 3 minuti a piedi o in auto, mentre per bacino di utenza secondario si intende una distanza di 10 minuti.

Il prezzo psicologico

Ora è il momento di porsi la domanda cruciale: quanto compreranno i miei clienti? Il prezzo stabilito deve oscillare tra un plateau al di sotto del quale il cliente considererà il prodotto economico e di scarsa qualità e un tetto al di sopra del quale il cliente considererà il prodotto troppo costoso.

Questo prezzo può variare per lo stesso prodotto a seconda del contesto di acquisto. In un'area di servizio autostradale, ad esempio, il cliente accetterà di pagare per i prodotti di uso quotidiano un prezzo molto più alto di quello che troverebbe accettabile in un supermercato.

Per stabilire questo prezzo, si può fare affidamento su :

- la vostra esperienza e conoscenza del mercato;

- il benchmarking effettuato nella revisione della letteratura.

 **BUONO A SAPERSI**

Il benchmarking è un processo di osservazione delle tendenze del vostro mercato basato su un'analisi comparativa della concorrenza. A quali prezzi vendono i loro prodotti? Quali argomenti di marketing utilizza? Attraverso quali reti di distribuzione è possibile trovare i suoi prodotti? Il benchmarking vi permette di posizionarvi rispetto ai leader del mercato.

REVISIONE DELLA LETTERATURA – PARTE 2

In secondo luogo, l'analisi della letteratura vi permetterà di identificare i vostri concorrenti e le normative in vigore.

I concorrenti

Osservare i vostri concorrenti vi permette non solo di stimare la loro quota di mercato, ma anche di vedere cosa funziona per loro e cosa sembra funzionare meno. Con queste osservazioni, sarete in grado di differenziare la vostra offerta definendo i vostri vantaggi competitivi.

La presenza di concorrenti in un mercato è, contrariamente a quanto si potrebbe pensare, una cosa positiva. Dimostra che c'è una domanda reale e permette di osservare. Le informazioni raccolte sui punti di forza e di debolezza dei vostri concorrenti sono una risorsa preziosa per il vostro posizionamento. Fate attenzione, però, che il mercato non sia saturo: sappiate che se i vostri concorrenti sono troppo numerosi e/o controllano la quasi totalità del mercato, vi sarà difficile imporvi su un target che ha già le sue abitudini altrove.

L'assenza di concorrenti dovrebbe invece indurvi a interrogarvi sulla pertinenza della vostra idea: o il vostro progetto è innovativo e, in questo caso, sarebbe opportuno studiare a fondo le opportunità e i rischi di questo mercato, oppure non lo è e sarebbe saggio, prima di lanciarsi, svolgere una propria indagine per determinare le ragioni di questa assenza di offerta sul mercato.

In genere si distingue tra:

- concorrenti diretti, che offrono prodotti o servizi simili ai vostri e sono chiaramente identificabili. Se ci avete già pensato e avete fatto qualche ricerca di base per restringere il vostro progetto, conoscerete già i principali;

- concorrenti indiretti, che non hanno esattamente la vostra stessa offerta, ma la cui presenza sul vostro mercato è da tenere in considerazione perché distoglie il vostro target dalla vostra offerta. Se, ad esempio, state progettando di trasformare un vecchio casale in un bed and breakfast, non dovete solo verificare la presenza di offerte simili (i vostri concorrenti diretti) nel vostro bacino d'utenza, ma anche prendere in considerazione alberghi, campeggi, privati che affittano i loro alloggi, ecc.

Il regolamento

Possono esistere requisiti normativi per l'avviamento di alcuni mestieri, come una qualifica minima o anni di esperienza. Può anche essere richiesto di avere la fedina penale pulita, garanzie finanziarie, una tessera professionale, ecc.

Altre regole e pratiche possono essere applicate alla vostra azienda. Che si tratti di regolamenti in materia di salute e sicurezza, norme tecniche o autorizzazioni rilasciate dalle autorità, è necessario conoscere le norme in vigore nel proprio mercato per anticiparne l'impatto in termini di tempi e costi.

In ogni caso, vi consigliamo di contattare l'organizzazione competente, come la Camera di Commercio della vostra zona, per sapere esattamente quali sono questi punti prima di iniziare.

LO STUDIO SUL CAMPO

Lo studio sul campo completa lo studio documentario e lo confronta con la realtà. Si può suddividere in tre fasi principali che vi permetteranno di entrare gradualmente nella realtà del vostro mercato.

 **PICCOLO PLUS**

In questa fase dello studio, il vostro comportamento deve oscillare tra quello di un investigatore e quello di un futuro direttore d'azienda: alla ricerca della minima informazione, è più che mai importante essere curiosi, strategici e audaci.

Contatto con esperti della professione

Ciò significa andare alle fiere o visitare i vostri concorrenti, i vostri fornitori, i negozianti della zona in cui vi insediate, per raccogliere il maggior numero possibile di informazioni, opuscoli e impressioni che solo uno studio sul campo può fornirvi: prezzi, diversità dell'offerta, diversità degli attori, tipo di clientela, ecc.

Se la vostra offerta è "diffusa", cioè non riguarda specificamente una popolazione in un determinato territorio, o se riguarda un territorio troppo vasto per essere studiato nel suo insieme, scegliete un campo di studio pertinente. Ad esempio, se volete lanciare un'applicazione mobile che offra un servizio di baby-sitting in tutto il Belgio, concentratevi su un numero limitato di città in cui sapete che la domanda è varia nelle sue dimensioni (in base alle statistiche sull'età della popolazione che avrete potuto raccogliere) per ottenere un campione rappresentativo dell'intero segmento.

Parallelamente a questo processo, è possibile contattare :

- reti di supporto per l'avvio delle imprese. In Francia, potete affidarvi alle Camere di Commercio e dell'Industria (CCI) e all'Agence France Entrepreneur (AFE);

- persone che sapete essere esperte nel vostro settore di attività e che potrebbero informarvi sulle tendenze del mercato, sulle insidie da evitare e sulle opportunità da cogliere. Fate attenzione a questi contatti: le informazioni che vi forniscono possono essere una miniera d'oro, ma fate attenzione a non rivelare tutti i vostri segreti aziendali.

Incontrare i clienti e i concorrenti

Osservate, intervistate e, se possibile, iniziate a costruire relazioni con i vostri potenziali clienti. L'idea non è quella di trasformarsi in un rappresentante di vendita, ma di raccogliere informazioni vitali e porre domande pertinenti alla vostra attività. Ad esempio, potete contare il numero di clienti che passano ogni ora davanti alla vostra futura sede, la loro età, proporre loro di assaggiare o testare il vostro prodotto, chiedere loro le loro abitudini di consumo, ecc.

Verificare che le coppie prodotto/mercato (segmentazione) funzionino bene. Questo è lo scopo principale del lavoro sul campo. Dovete valutare le vostre ipotesi di fatturato per vedere se reggono e se esiste un cliente target per la vostra offerta in quel territorio. Siate intransigenti e cercate di rispondere a queste due domande senza nascondervi:

- C'è abbastanza domanda per gestire la mia attività?

- Quanto ho identificato i miei clienti? Le mie ipotesi sul segmento sono corrette?

Se la risposta a una di queste domande è negativa, non commettete l'errore di rinunciare prematuramente o, al contrario, di affrettare i tempi. Lo scopo del lavoro sul campo è quello di permettervi di rielaborare le vostre ipotesi iniziali.

Mappare la qualità e la quantità dei vostri concorrenti. Analizzate il numero, le dimensioni e la posizione dei vostri concorrenti diretti e indiretti. Per ogni concorrente, elencate le informazioni utili ottenute dallo studio preliminare, integrate da quelle raccolte sul campo. Ciò può includere i diversi prodotti o servizi offerti, il modo in cui vengono presentati, l'entità e la frequenza delle vendite, il rapporto dei manager con i clienti, l'ubicazione, il marketing e la comunicazione, ecc.

Ulteriori studi e prospezioni iniziali

Lo studio sul campo può essere relativamente semplice e sommario, sia perché siete già esperti del vostro mercato grazie alla vostra esperienza, sia perché il vostro mercato è di base (prodotti semplici, clientela omogenea, ecc.). Molto spesso, però, è necessario andare oltre e realizzare ulteriori studi per affinare l'analisi.

- **Gli studi quantitativi** (generalmente riservati ai prodotti di consumo) consistono nell'interrogare brevemente un gran numero di destinatari (da un centinaio a diverse migliaia di persone) al fine di stimare, utilizzando le leggi della statistica, una tendenza generale. Questi questionari molto brevi sono generalmente affidati a società specializzate.

- **Gli studi qualitativi**, più lunghi e dettagliati, si concentrano su un numero limitato di consumatori mirati (alcune decine di persone). Forniscono informazioni dettagliate sulle abitudini, le motivazioni e gli ostacoli di queste persone. Questi questionari utilizzano domande aperte che mirano a ottenere il maggior numero possibile di informazioni dal cliente. Si raccomanda vivamente di rivolgersi a uno specialista per determinare chiaramente le domande pertinenti, l'ordine in cui devono essere disposte e per analizzare le risposte in modo significativo.

Questi studi portano naturalmente a una fase di test e di prospezione. Le persone che avrete contattato durante il primo approccio e quelle che avrete intervistato se avete completato questo processo con uno studio qualitativo sono potenzialmente i vostri primi clienti. Anche se non avete ancora creato la vostra azienda, potete già creare un archivio clienti e ricevere ordini anticipati. Questa fase è molto importante: vi permette di conoscere i vostri clienti e di utilizzare la vostra rete per ampliarla gradualmente. Inoltre, vi insegna a conoscere voi stessi come imprenditori. In cosa sono bravo? Dove devo migliorare?

LE CONCLUSIONI DEL VOSTRO STUDIO

Ora disponete di un patrimonio di informazioni che avete raccolto, verificato e incrociato e che avete potuto confrontare sul campo con la realtà del vostro mercato incontrando i vostri concorrenti e i futuri clienti. Avete anche acquisito riflessi che non vi abbandoneranno mai, contatti che saranno preziosi in seguito e forse avete già ricevuto qualche ordine che vi permetterà di iniziare la vostra attività con una clientela attiva.

È ora importante finalizzare la ricerca di mercato.

La vostra strategia aziendale

Si tratta di individuare i vostri vantaggi competitivi, ciò che avete da offrire e che i vostri concorrenti non hanno. Quali sono i vostri punti di forza? Quali sono i vostri punti deboli?

- **Definire le coppie prodotto/mercato: posizionamento.**

  Avete una conoscenza personale del vostro target principale. Avete verificato le vostre ipotesi e sapete quale gamma di prodotti raggiungerà un determinato cliente a cui vi rivolgete, quale gamma si rivolgerà a una clientela più diffusa e imprevedibile, ecc. È quindi possibile definire il proprio posizionamento. Strettamente legata al concetto di vantaggio competitivo, questa nozione esprime il posto che un prodotto o un servizio occupa rispetto alla concorrenza, ai consumatori e, più in generale, all'intero ambiente di mercato. Posizionare un prodotto o un servizio significa renderlo unico e chiaramente identificabile, sia per il prezzo interessante, sia per il fatto che è innovativo (totalmente nuovo, più qualitativo, con funzioni aggiuntive, ecc.), sia per i mezzi utilizzati per promuoverlo (strategia di marketing e comunicazione).

- **Stabilite i vostri prezzi.** Il prezzo di vendita deve tenere conto di diversi parametri, più o meno complessi a seconda dell'attività. In ogni caso, è necessario prendere in considerazione:

- il prezzo di costo. È necessario stabilire il prezzo giusto. Abbastanza attraente da permettervi di posizionarvi sul mercato, ma allo stesso tempo abbastanza alto da coprire tutti i costi ed evitare di entrare in una guerra dei prezzi con i vostri concorrenti;

- il posizionamento della concorrenza. Come reagiscono i miei concorrenti alle fluttuazioni del mercato? In che modo le relazioni con i fornitori possono influenzare il mercato? Quali sono i vincoli della mia professione e quali scelte fanno i miei concorrenti per aggirarli?

- il prezzo psicologico. Come abbiamo visto sopra, non bisogna esagerare, ma attenzione a chi commette l'errore di fissare prezzi troppo bassi. In alcuni settori, come quello del lusso o della ristorazione, il vostro posizionamento può addirittura essere finalizzato a lusingare l'orgoglio dei vostri clienti fissando prezzi particolarmente elevati;

- elasticità della domanda. Si tratta della propensione dei vostri clienti a fare a meno del vostro prodotto o servizio in risposta ai cambiamenti del loro potere d'acquisto. Un prodotto o un servizio si dice "elastico" se è sensibile a queste variazioni.

Le vostre ipotesi di fatturato e gli obiettivi di vendita

Dovete valutare la fattibilità del vostro progetto a lungo termine, avendo cura di valutare le vostre esigenze di flusso di cassa per l'avvio dell'attività.

Prima di tutto, preparate il conto economico previsionale. L'obiettivo è determinare quali saranno i risultati nell'arco di due o tre anni. Questo include il primo anno (anno "n"), così come il secondo e il terzo anno ("n+1" e "n+2"). Queste previsioni dovrebbero consentirvi di rispondere alla vostra prima preoccupazione: se la vostra azienda è redditizia a lungo termine. In genere, il primo anno è in perdita (più spese che entrate) e si inizia a fare profitto solo a partire da n+1, o addirittura n+2 per i progetti che richiedono forti investimenti iniziali. Per fare questa previsione, è necessario mettere insieme tutti gli elementi in vostro possesso in una tabella. Questa stima servirà come base per il vostro business plan.

Determinate anche il vostro fabbisogno di capitale circolante (WCR). Il punto di pareggio si raggiunge quando l'azienda realizza un fatturato che copre i costi fissi e variabili. Oltre questo punto, è necessario disporre di riserve finanziarie sufficienti per far fronte ai costi che si accumulano (a volte in modo imprevedibile). Non prevederlo potrebbe avere conseguenze drammatiche, costringendovi a interrompere la vostra attività quando aveva tutte le possibilità di successo.

È difficile stimare con precisione il WCR, ma è possibile stabilire un intervallo in base a tutte le prove raccolte durante la ricerca. Tutte queste previsioni, basate sui risultati delle vostre ricerche di mercato, dovrebbero permettervi di decidere se ha senso intraprendere questa avventura adesso. Oltre a questi elementi puramente oggettivi, ci sono naturalmente altri fattori di vitale importanza: la vostra motivazione, il sostegno di chi sta vicino al vostro progetto, la fiducia che avete nelle persone che vi sostengono finanziariamente, il rapporto con i vostri potenziali partner, ecc.

I MIGLIORI CONSIGLI

- **Fidatevi del vostro buon senso**. La metodologia è importante, ma lo sono anche l'intuizione e le capacità deduttive: sono queste ultime a guidarvi e ad aiutarvi a discernere, con l'aiuto di questo metodo, ciò che funzionerà e ciò che dovrà essere rivisto, corretto o abbandonato.

- **Siate esaustivi**. Affidatevi alle virtù di uno studio di mercato ben condotto: eliminate tutto ciò che non fa parte del vostro progetto e sfruttate al massimo la vostra idea iniziale, il suo nettare. Non è il momento di nascondersi!

- **Siate specifici**. Mettete delle cifre, fate delle argomentazioni e contattate il più possibile il vostro mercato. Il risultato del vostro studio deve essere concreto. Non importa se si rivela impreciso: non si possono controllare tutti i parametri, ma si possono fare scelte precise e misurate che l'esperienza confermerà o smentirà.

- **Siate umili e coraggiosi**. Non ci si aspetta che sappiate tutto. I vostri contatti saranno collaborativi se riconoscerete – senza lamentarvi! – che avete bisogno del loro consiglio, del loro aiuto. E non esitate a contattare persone che, a prima vista, sembrano inavvicinabili e il cui atteggiamento potrebbe sorprendervi in positivo.

- **Siate pazienti… ma non troppo**. Non lasciatevi trasportare dalla fretta e da domande come: "Allora, come sta andando la vostra azienda? Percepirete naturalmente quando il vostro progetto è maturo. Ma non cercate di controllare tutti i parametri e di proteggervi dal minimo problema: mettersi in proprio significa rischiare!

- **Esci dalla tua caverna**. Interessatevi al vostro mercato, siate sempre all'erta, fate domande ai vostri futuri clienti e, se possibile, conoscete i vostri concorrenti. Se non lo fate, è probabile che il vostro progetto non sia ancora maturo… Mettetevi alla prova e accettate il confronto con il vostro mercato: questo è davvero uno dei grandi vantaggi dello studio che, al di là della sua utilità materiale, dovrebbe permettervi di incarnare il vostro progetto e farlo assomigliare a voi.

- **Sei un dipendente? Richiedi un lavoro a tempo parziale, un congedo per la creazione di un'impresa o un congedo sabbatico**. In base a determinati termini e condizioni, la legge francese concede alcuni diritti per creare la propria attività: da 6 a 11 mesi di "congedo sabbatico" o un anno di "congedo di creazione a tempo parziale" o "congedo di creazione" rinnovabile. Tutte le informazioni più recenti su questi argomenti sono disponibili sul sito web dell'Agence France Entrepreneur (AFE), ex APCE.

FAQ

LE RICERCHE DI MERCATO SONO DAVVERO NECESSARIE?

Anche se per legge non è necessario alcuno studio per avviare l'attività, questa fase è essenziale per conoscere il posizionamento, i costi, il canale di distribuzione, il fatturato potenziale, il bacino di utenza, ecc. A rischio di ripeterci, avere l'impressione di conoscere bene il mercato non vi esime dal passare attraverso questa fase, che spesso può riservare sorprese! Esistono tuttavia due eccezioni che possono giustificare l'assenza di uno studio di mercato da parte di un creatore d'impresa:

- siete un imprenditore autonomo e questa attività è solo un'attività collaterale o una sorta di test al termine del quale deciderete se investire più seriamente o meno. Poiché l'obiettivo dello status di lavoratore autonomo è quello di semplificare le procedure, non è indispensabile effettuare uno studio di mercato in questa fase;

- state lanciando un'attività innovativa in cui la velocità di commercializzazione è fondamentale. In casi specifici in cui dovete assolutamente essere i primi sul mercato, è comprensibile che uno studio che può richiedere diversi mesi non sia la priorità.

COME SI FORMATTA LA RICERCA DI MERCATO?

L'unica risposta che possiamo dare è che ognuno è responsabile della propria attività! Siete perfettamente liberi di presentare il vostro studio in modo sintetico e strutturato, in modo che possa servire come efficace strumento di lavoro. Se avete già iniziato a pensare alla carta grafica della vostra azienda, utilizzate gli elementi che avete. Ma nessuno vi rimprovererà per una presentazione semplice e concisa.

QUAL È LA DIFFERENZA TRA UNO STUDIO DI MERCATO E UN BUSINESS PLAN?

Le ricerche di mercato e la pianificazione aziendale vengono spesso confuse. Si tratta infatti di due fasi dello stesso processo. Lo studio di mercato convalida o invalida il vostro progetto, vi permette di visualizzare tutte le caratteristiche e le opportunità del mercato e traccia una prima rotta. Il business plan è il documento di sintesi che deriva direttamente da questo studio e ha un carattere più ufficiale. Permette di costruire il progetto nei minimi dettagli e serve come argomento per convincere i partner finanziari. È su questo documento in particolare che bisogna fare attenzione alla forma.

COME POSSO REALIZZARE UN SONDAGGIO SE VENDO I MIEI PRODOTTI/SERVIZI SOLO SU INTERNET?

Seguite lo stesso metodo, considerando che il vostro bacino d'utenza, i vostri clienti, i vostri concorrenti e tutti gli altri parametri di cui abbiamo parlato, vanno considerati in uno spazio non più fisico, ma virtuale. Utilizzate al massimo i motori di ricerca, le statistiche e gli studi disponibili sul vostro segmento di mercato, i social network e i siti web dei vostri concorrenti per ottenere le informazioni di cui avete bisogno. Spesso è molto più facile ottenere informazioni e rivolgersi ai clienti su Internet, dove le comunità sono effettivamente più visibili che nello spazio pubblico.

QUANTO COSTA UNO STUDIO DI MERCATO REALIZZATO DA UN FORNITORE ESTERNO DI SERVIZI?

Per quanto possibile, vi consigliamo di effettuare questo studio da soli. Tuttavia, è normale che nel caso di alcuni servizi complessi per i quali non disponete delle competenze necessarie, dobbiate rivolgervi a un fornitore di servizi esterno. Le opzioni disponibili comprendono:

- la società di consulenza che è la più costosa. Per uno studio completo è previsto un esborso di almeno 8.000 euro;

- le aziende junior (associazioni di studenti delle scuole di economia o di ingegneria) offrono servizi di livello inferiore, ma spesso svolti sotto l'autorità di un tutor-docente. Il costo di uno studio completo è di circa 3.000 euro;

- se il vostro modello di business è relativamente comune, potete anche acquistare i modelli e i risultati delle indagini pertinenti al vostro progetto. Questo approccio è più specifico e spesso riguarda solo una parte del progetto. A seconda dell'importanza dello studio, si può prevedere di pagare tra alcune decine di euro e 1.500 euro.

COME FACCIO A SAPERE SE IL MIO STUDIO È AFFIDABILE?

La vostra ricerca è affidabile se, alla fine, avete un conto economico previsionale positivo e non avete trascurato alcun dettaglio. Dovete anche accettare che le circostanze possano sconvolgere le vostre proiezioni ideali: uno studio di mercato affidabile tiene conto di questi rischi. Dovrebbe farvi sentire sicuri delle vostre possibilità di successo, indipendentemente dalle circostanze.

QUALE METODO DEVO ADOTTARE SE IL MIO PROGETTO È TOTALMENTE INNOVATIVO?

In questo caso, vi consigliamo di rivolgervi a uno studio specializzato nel vostro settore. Potete anche leggere il metodo Lean Startup, ideato da Eric Ries (imprenditore americano, nato nel 1978). Progettato per essere adattabile a qualsiasi progetto innovativo, questo metodo è stato originariamente adottato da molte aziende della Silicon Valley. Oggi è ampiamente utilizzato dai creatori di progetti innovativi.

STA A VOI DECIDERE!

FATE UN'ANALISI SWOT DELLA VOSTRA OFFERTA

L'analisi SWOT (*Strengths*, *Weaknesses*, *Opportunities*, *Threats*) offre una metodologia originale per determinare :

- **I vostri punti di forza.** Quali sono i punti su cui siete chiaramente certi di poter costruire per sviluppare la vostra attività?

- **Le vostre debolezze.** Quali sono i punti che sapete non essere a vostro favore, le zone d'ombra che potrebbero essere migliorate?

- **Le vostre opportunità.** Quali circostanze esterne alla vostra offerta possono giocare a vostro favore? Su quali contatti, eventi, tendenze potete contare?

- **Le vostre minacce.** Quali circostanze potrebbero, al contrario, giocare a vostro sfavore?

CREARE IL PROPRIO QUESTIONARIO

Le 5 regole d'oro per un questionario di successo:

1. **Stabilite un obiettivo chiaro senza cercare di influenzare le risposte.** Ad esempio, se volete sapere a quale prezzo i vostri clienti acquisterebbero il vostro prodotto, non cercate di influenzare la loro risposta

verso il prezzo che, nelle vostre previsioni di fatturato, vi permetterebbe di essere redditizi rapidamente.

2. **Concentrarsi su un unico segmento**. Le società di consulenza e le aziende junior sanno come gestire dati trasversali complessi. In linea di principio, non lo siete. Il vostro "questionario interno" avrà successo solo se è chiaramente rivolto a un tipo specifico di cliente.

3. **Mantenete le domande semplici e mirate**. Evitate le domande troppo chiuse (a cui si può rispondere solo con un "sì" o con un "no"), ma non ponete nemmeno domande che potrebbero portare gli intervistati a perdersi in analisi casuali. Utilizzate domande a scelta multipla e domande aperte che richiedono risposte brevi.

4. **Partite dal generale per arrivare allo specifico**. Le domande devono essere progressive e portare l'intervistato a dare risposte sempre più precise e/o soggettive.

5. **Non saltare alle conclusioni**. Una volta condotta l'indagine, non esitate a rivolgervi a uno specialista per convalidare o invalidare le vostre conclusioni.

PER ANDARE OLTRE

FONTI BIBLIOGRAFICHE

BOUVIER (Xavier) (a cura di), *Créer son entreprise*, Parigi, Nathan – Les Echos, 2011.

CHEVAUCHÉ (Cédric), *L'indispensable pour créer son entreprise*, Héricy, Éditions du Puits Fleuri, 2014.

FROGER (Valérie), *Le guide complet de la création d'entreprise*, Paris, L'entreprise, 2011.

GIANELLON (Jean-Luc) e VERNETTE (Éric), *Études de marché*, Parigi, Vuibert, 2015.

GUCHET (Lucie), *Se mettre à son compte en 10 étapes*, Héricy, Éditions du Puits Fleuri, 2013.

RIES (Eric), *Lean Startup. Adottare l'innovazione continua*, Montreuil, Pearson Francia, 2012.

SPETH (Christophe), *La matrice SWOT e la strategia aziendale*, Bruxelles, Lemaitre Publishing, 2014.

VINAY (Elizabeth), *Réaliser votre étude de marché avec succès*, Paris, Eyrolles, 2013.

FONTI AGGIUNTIVE

BRAULT (David) e SION (Michel), *Réussir son business plan*, Parigi, Dunod, 2016.

LEAN ASSEMBLY, *Consigli per la ricerca del mercato*, 2015. https://www.youtube.com/watch?v=-9jLpOZyjLw

KOTLER (Philippe), *Marketing Management*, Montreuil, Pearson Education, 2015.

Sito web dell'Agence France Entrepreneur: www.afecreation.fr

Sito web dell'Assemblea delle Camere di commercio e dell'industria francesi: http://www.cci.fr/web/creation-d-entreprise/projet-reussite

Sito web della Direzione generale delle statistiche: http://statbel.fgov.be/

Sito web dell'INSEE: http://www.insee.fr/fr/accueil

SOULEZ (Sébastien), *L'essentiel du marketing*, Paris, Gualino – Lextenso éditions, 2011.

La vostra opinione è importante per noi!
Lasciate un commento sul sito della vostra libreria online
e condividete i vostri preferiti sui social network!

50MINUTES.com

IMPROVE YOUR
GENERAL KNOWLEDGE
IN THE BLINK OF AN EYE!

www.50minutes.com

L'editore garantisce l'affidabilità delle informazioni pubblicate, che non possono tuttavia impegnare la sua responsabilità.

Master ISBN: 9782808608183
ISBN cartaceo: 9782808609395
Deposito legale: D/2023/12603/124

Design digitale: Primento,
il partner digitale degli editori.